Conni li nexweşxaneyê

Conni im Krankenhaus

Çîrok Geschichte
Liane Schneider

Wêne Bilder
Eva Wenzel-Bürger

Werger Übersetzung
Asli Kaya

Dayê li bexçeyê zarokan li cem mamoste ye.
Bavo li televizyonê temaşe dike û Conni divê razê.
Lêbelê ew ji kêfa ranazê, ji ber ku textê wê yê bi xişonek nû ye. Hema xwe xiş dike û xiş dike.
Bi dizî av û sabûnê li xişonekê dike, da ku xweştir bişemite. Gurm! Ewqas zû dişemite ku li dolabê (xizane) ket. Ay pirr êşiya! Conni digrî. Dixwaze biçe ba bavo, lê jiber ku lingên wê diêşin, nikare bimeşe.

Mama ist beim Elternabend im Kindergarten.
Papa guckt Fernsehen und Conni soll schlafen.
Aber Conni hat ein neues Hochbett mit Rutsche und deshalb schläft sie nicht. Sie rutscht und rutscht.
Heimlich macht sie Wasser und Seife auf die Rutsche, damit sie noch mehr Schwung hat. Rums, sie ist so schnell, dass sie gegen den Schrank rutscht. Das tut weh!
Conni weint. Sie will zu Papa, aber ihr Bein tut so weh, dass sie nicht laufen kann.

HH - B 234

Lê baş bû ku bavo Conni bihîst. Ew tê balê û di cî de gazî ambûlansê dike. Dûre bavo telefonî bexçeyê zarokan dike, da ku dayê bikaribe were nexweşxanê. Ambûlans Conniyê û bavo dibe nexweşxanê. Dayê li hêviya wan e jî. Conni tişta bûyî dibêje, dayê jî jê re hêrs nabe.

Zum Glück hat Papa Conni gehört. Er kommt. Sofort ruft er den Krankenwagen. Dann ruft Papa noch im Kindergarten an, damit Mama zum Krankenhaus kommen kann. Der Krankenwagen bringt Conni und Papa zum Krankenhaus. Mama wartet schon. Conni erzählt, was passiert ist, und Mama schimpft nicht.

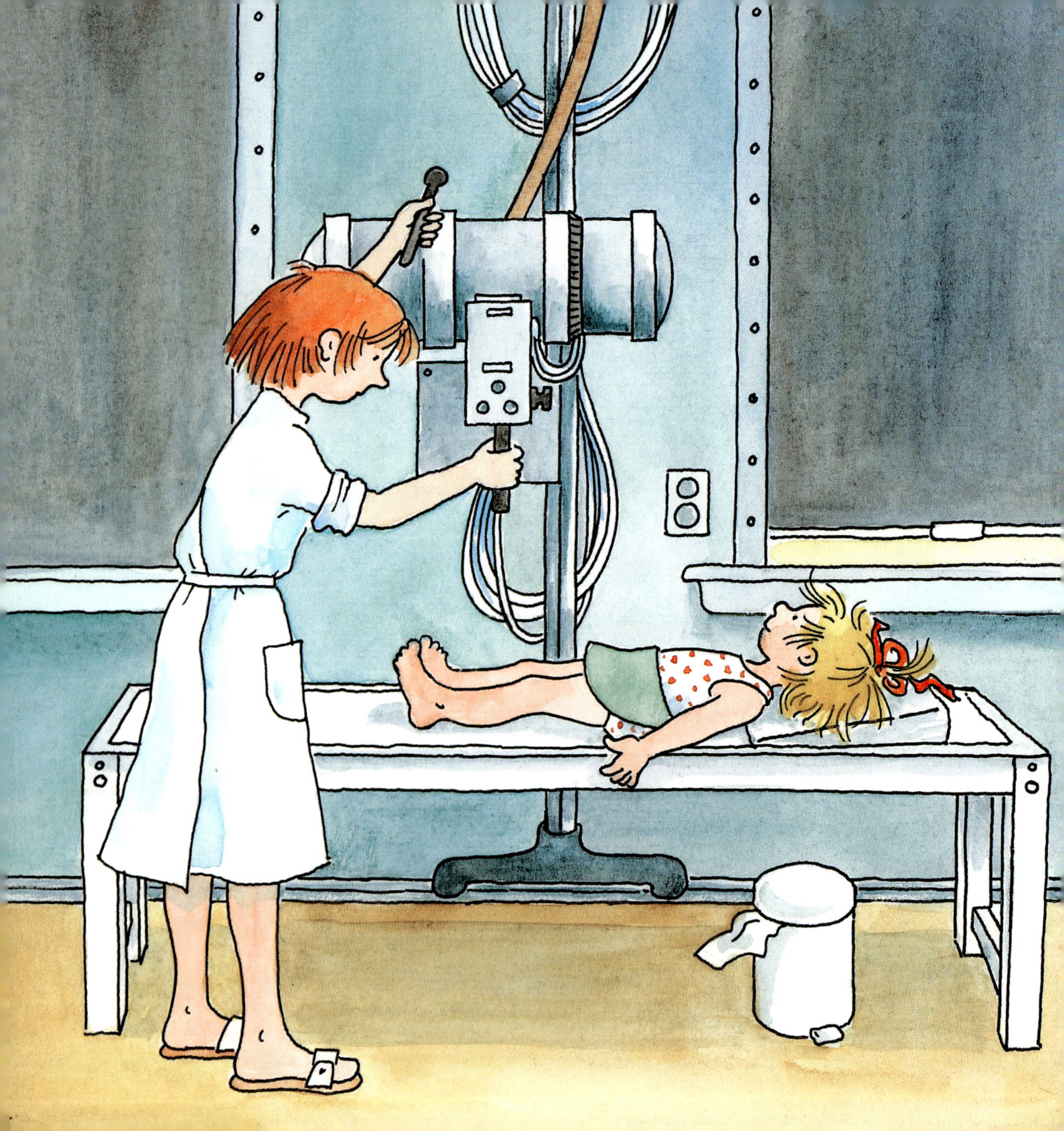

Di nexweşxanê de dayê hertim li bal wê dimîne. Derziyekê li Conniyê dixin. Piçekî diêşe, lêbelê êşên wê tev diçin. Divê rontgena lingê wê bê girtin. Conniyê di odeya rontgenê de li ser sedyeyeke hişk dirêj dikin. Cileke risasî datînin ser zikê wê. Niha divê xwe nelivîne. Sindoqa mezin di odeya tarî de fîlmê hestiyên Conniyê digre. Li ser filmê rontgenê doktor nişanî Conniyê dide ku hestî şikestiye. Divê Conni bê emeliyatkirin.

Im Krankenhaus bleibt Mama immer bei ihr. Conni bekommt eine Spritze. Es pikst zwar etwas, aber dann sind die Schmerzen ganz weg. Das Bein muss geröntgt werden. Im Röntgenraum wird Conni auf eine harte Liege gelegt. Über ihren Bauch kommt eine Bleischürze. Jetzt darf sie sich nicht bewegen. Der große Kasten macht in dem dunklen Raum ein Foto von Connis Knochen. Auf dem Röntgenbild zeigt der Arzt Conni, dass der Knochen gebrochen ist. Conni muss operiert werden.

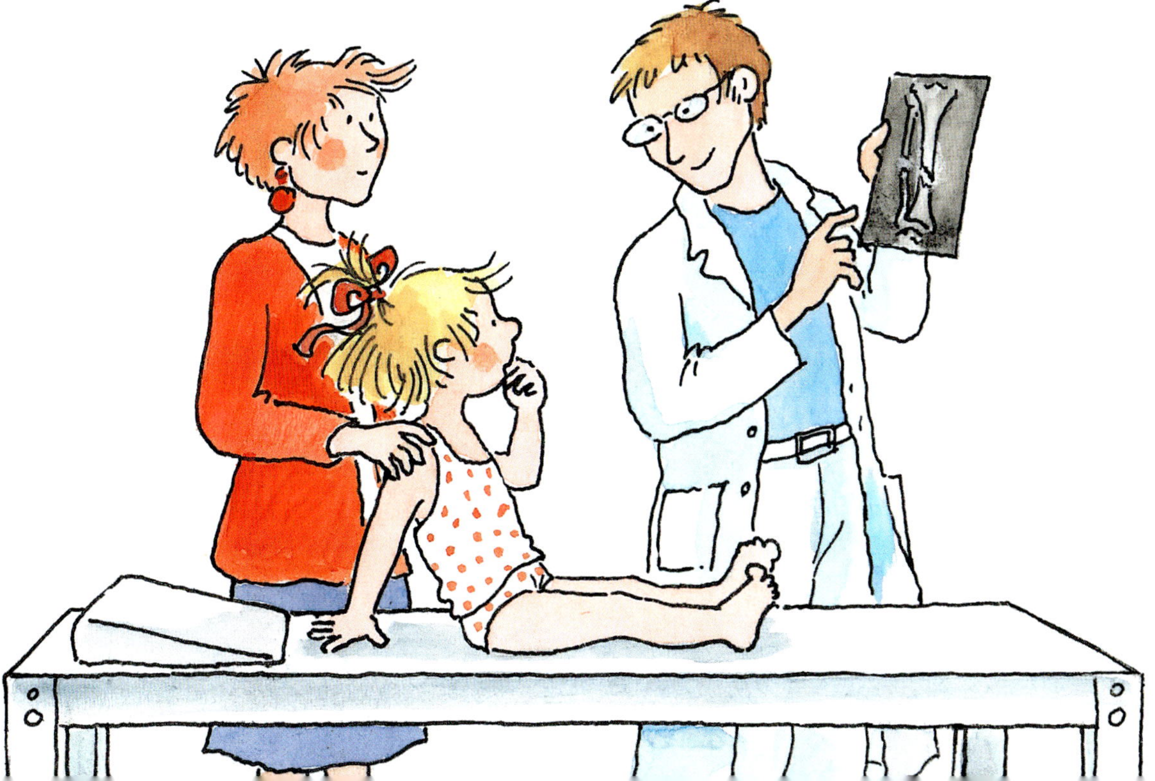

Roja din şeveqê Conniyê tînin emeliyatxanê. Derziyekê li mile wê dixin. Doktorekî fîstankesk maskeyekê datîne ser dev û pozê wê.

Am nächsten Morgen wird Conni in den Operationssaal gebracht. Sie bekommt eine Spritze in den Arm. Ein Arzt im grünen Kittel setzt ihr eine Maske auf.

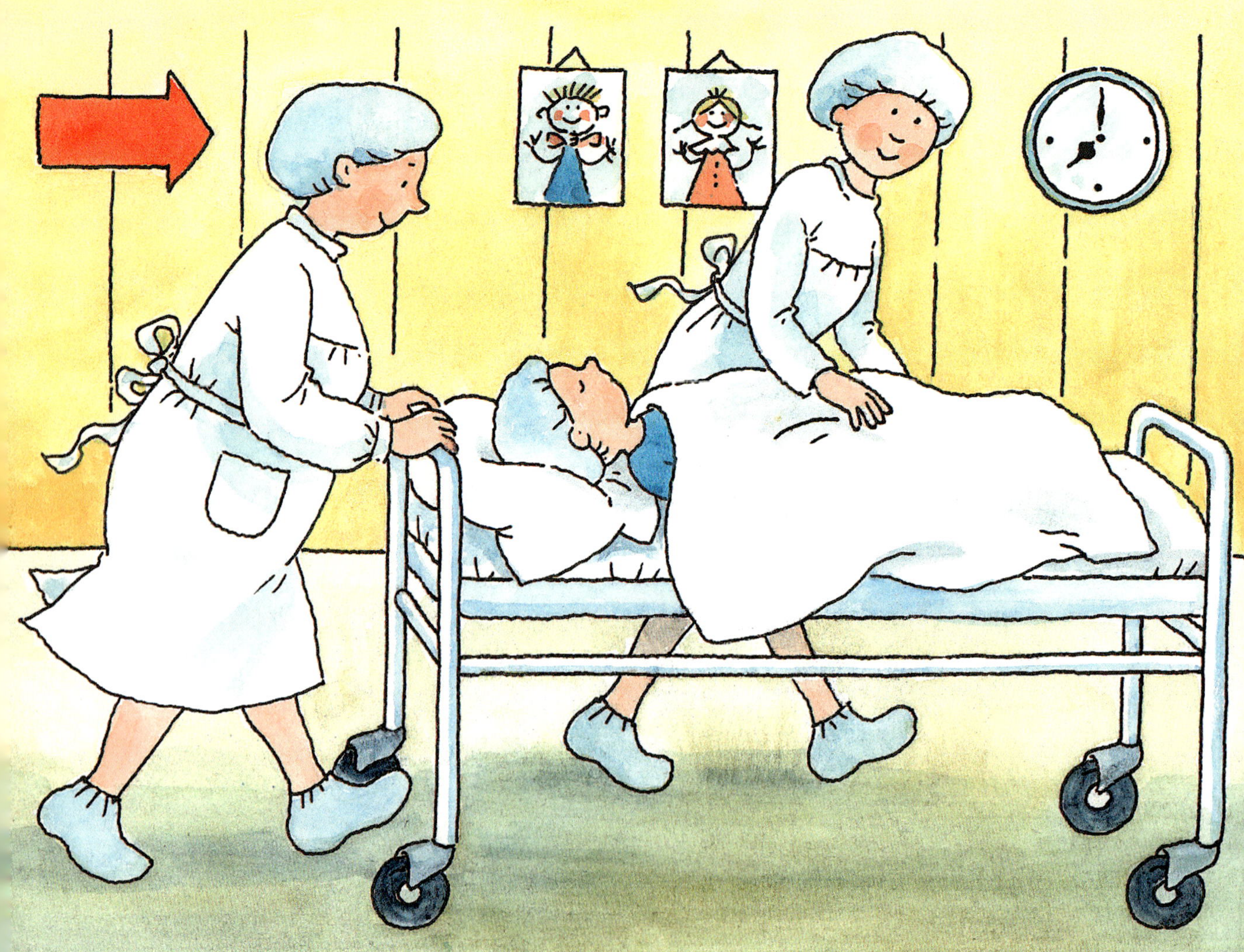

Conni difikire: Miheqeq ez tevî maskê pir komîk xuya dikim.
Conni ji maskê hilmeke xerîb digre, heta ku dikeve xeweke kûr û êdî pê nahese ku çawa doktor lingê wê dicebirîne.

Damit sehe ich bestimmt komisch aus, denkt Conni. Aus der Maske atmet Conni seltsame Luft ein, bis sie ganz tief schläft und nicht spürt, wie der Arzt ihr Bein in Ordnung bringt.

Gava ku Conni hişyar dibe, dayê li balê rûniştî ye. Lingê Conniyê di kilsa spî ya hişk de girêdayî ye, da ku hestiyê wê bi rihetî sax bibe. Conni dibê qey lingê wê wekî mûmyayekî xuya dike. Wê dibin ciyê zarokan. Ciyekî jî li cem Conniyê didin dayê. Conni hê westiyayî û bêhal e. Baş e ku dayê li wir e. Ew dikare li oda Conniyê razê jî.

Als Conni aufwacht, sitzt Mama bei ihr. Connis Bein ist in einen festen, weißen Gips eingepackt, damit der Knochen in Ruhe heilen kann. Wie eine Mumie sieht ihr Bein nun aus, findet Conni. Sie wird auf die Kinderstation gefahren. Mama bekommt ein Bett neben Conni. Conni fühlt sich noch schlapp und müde. Gut, dass Mama da ist. Sie darf auch in Connis Zimmer schlafen.

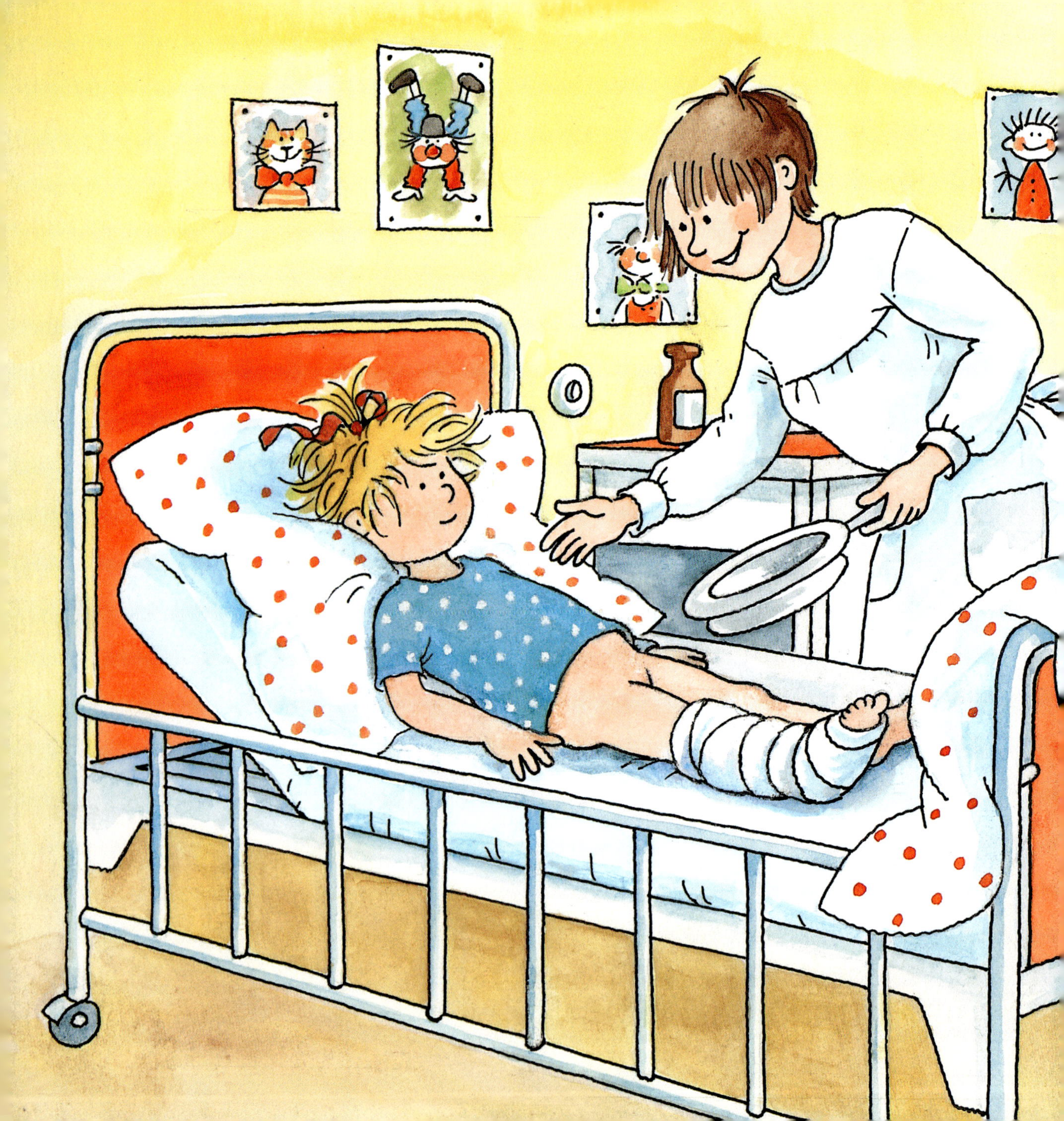

Peyre hemşîre Ulla ji bo germa laşê wê bipîve, tê. Paşê divê Conni biçe tuwaletê, lê divê ew ranebe ser piyan. Dayê, bişkoka ku li ser text e, nîşanî wê dide, ku bikaribe gazî hemşîreyê bike. Hemşîre Ulla pir qenc e. Ew leganeke vêl dixe binê Conniyê, ji bo ku bikaribe mîza xwe tê de bike. Şeveqê Conni di nav nivînan de tê şûştin. Dayê wê dişo. Conni dibê qey ew pitik e. Di taştê de Conni ne birçî ye. Bavo cil, firça diranan û hirçika Conniyê aniye.

Nach einer Weile kommt Schwester Ulla zum Fiebermessen. Später muss Conni mal, aber sie darf nicht aufstehen. Mama zeigt ihr den Knopf am Bett, mit dem man die Schwester rufen kann. Schwester Ulla ist sehr nett. Sie schiebt Conni einen flachen Topf unter den Po, in den Conni Pipi machen kann. Am nächsten Morgen wird Conni im Bett gewaschen. Das macht Mama. Conni fühlt sich fast wie ein Baby. Beim Frühstück hat Conni noch keinen Hunger. Papa bringt Wäsche, Zahnputzzeug und Connis Teddy.

Dûre hemşîre Ulla cardin tê odê. Ew dibêje, "divê em xwîna te kontrol bikin" û derziyê li milê Conniyê dixe. Lêbelê qet naêşe. Ew di xortimeke piçûk re xwînê dikşîne, Conni bi meraq lê dinêre. Di dawiyê de hemşîre Ulla bandeke rengîn datîne serê.

Dann kommt Schwester Ulla wieder ins Zimmer. »Wir müssen dein Blut untersuchen«, erklärt sie und pikst so geschickt in Connis Arm, dass es fast nicht wehtut. Sie lässt das Blut in ein kleines Röhrchen fließen. Conni sieht neugierig zu. Zum Schluss klebt Schwester Ulla ein Tigerpflaster auf die Stelle.

Conni

Gava çend doktor û hemşîre dikevin odê, dayê ji Conniyê re dibêje, ev vîzîte ye. Her roj doktor tên ku bibînin ka zarok çawa ne. Ew herdem qenc in. Bîsteke din wextê firavînê ye. Conni pir birçî ye. Şansa wê heye, xwarina ku jê hez dikir, meqerne, heye.

Als viele Ärzte und Schwestern ins Zimmer kommen, erklärt Mama Conni, dass jetzt Visite ist. Die Ärzte kommen jeden Tag, um zu sehen, wie es den Kindern geht. Sie sind immer sehr nett. Schon bald gibt es Mittagessen. Conni hat Riesenhunger – zum Glück gibt es Nudeln, ihr Lieblingsessen!

Êvarê Irayê tînin oda Conniyê. Ira ji zikê xwe emeliyat bûye. Divê îşev dayê li oda dayikan razê. Ger ku tiştek biqewime, wê hemşîra şevê gazî dayê bike. Piştî çend rojên din êdî nexweşxane ji Conniyê re ne xerîb e.

Am Abend wird Ira in Connis Zimmer gebracht. Sie ist am Bauch operiert worden. Mama muss heute Nacht im Mütterzimmer übernachten. Die Nachtschwester ruft sie, falls etwas ist. Nach einigen Tagen ist für Conni das Krankenhaus nicht mehr fremd.

Êdî Conni û Ira heval in. Ne xema Conniyê ye ku dayê êdî li malê jî razê. Ew her roj piştî nîvroyê tê, Conniyê dibîne û hergav hinek tiştên xweşik jê re tîne. Êvaran jî bavo tê dîtina wê.

Und Conni und Ira sind jetzt Freundinnen. Conni findet es nicht schlimm, dass Mama wieder zu Hause schläft. Sie besucht Conni jeden Nachmittag und bringt immer etwas Schönes mit. Abends kommt Papa zu Besuch.

Divê her roj Conni li ser text hereketan bike. Katrin fîzyoterapîst tê û şanî Conniyê dide ka wê çi bike, da ku lingê wê yê şikestî dîsa baş bibe. Ji bo ku lingên wê ji ber vezelandinê bê quwet nemînin lazim e Conni herduyan bilebitîne. Pir kêfa wê tê ku wê cardin bikaribe bimeşe.

Jeden Tag muss Conni Turnübungen im Bett machen. Die Krankengymnastin Katrin kommt und zeigt Conni, was sie machen soll, damit das kranke Bein wieder kräftig wird. Conni soll mit beiden Beinen üben, damit sie vom Liegen nicht zu schlapp werden.
Sie freut sich schon darauf, wenn sie wieder richtig herumlaufen kann.

Di dawiyê de lingê Conniyê dixin kilseke hişk. Katrin nîşanî wê dide ka wê çawa bimeşe. Divê di serî de giraniya xwe nede ser lingê xwe, ji ber ku hestiyên wê hê hev negirtine. Ji bona ku bikaribe xwe bide ser, jê re alîkarî lazim e. Pêşî nikarîbû, lê niha Conni dikare heta oda lîstikê bimeşe. Ew dixwaze biçe malê, ji xwe Ira jî bîsteke din wê ji nexweşxanê derkeve.

Schließlich bekommt Conni einen Gehgips. Katrin zeigt ihr, wie sie damit laufen kann. Sie darf am Anfang noch nicht so fest auftreten, weil der Knochen noch empfindlich ist. Darum muss Conni Gehstützen nehmen, auf die sie sich aufstützen kann. Das ist zuerst gar nicht leicht, doch bald kann Conni bis ins Spielzimmer laufen. Conni möchte gern nach Hause, denn Ira wird auch bald entlassen.

Di dawiyê de bavo û dayê Conniyê dibin malê. Bavo ciyê dolaban guhertiye. Niha li wê derê koşeyeke rûniştinê heye. Dema ku Conni xwe xiş dike, heywanokên nerm wê hemêz dikin. Êdî ew naxwaze careke din bi av û sabûnê biceribîne.

Und endlich können Papa und Mama Conni abholen. Papa hat den Schrank umgestellt. Nun ist da eine Kuschelecke. Wenn Conni zu weit rutscht, wird sie von Kuscheltieren aufgefangen. Mit Wasser und Seife will sie es trotzdem nie mehr versuchen.